Impressum
Verlag: BABADADA GmbH, Nedderfeld 112 , 22529 Hamburg
Geschäftsführer / Verlagsleitung: Harald Hof
Druck: Books on Demand GmbH, In de Tarpen 42, 22848 Norderstedt

Imprint
Publisher: BABADADA GmbH, Nedderfeld 112 , 22529 Hamburg, Germany
Managing Director / Publishing direction: Harald Hof
Print: Books on Demand GmbH, In de Tarpen 42, 22848 Norderstedt

1

escola

sekolo

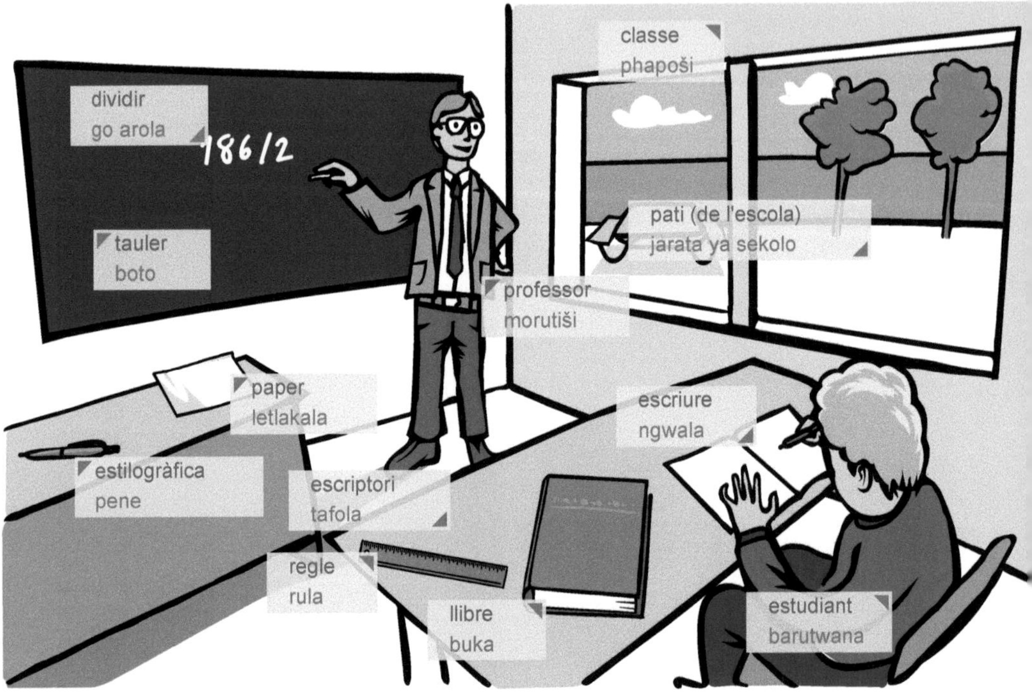

classe
phapoši
dividir
go arola
186/2
tauler
boto
pati (de l'escola)
jarata ya sekolo
professor
morutiši
paper
letlakala
escriure
ngwala
estilogràfica
pene
escriptori
tafola
regle
rula
llibre
buka
estudiant
barutwana

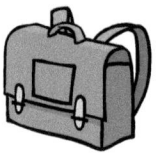

bossa

peke

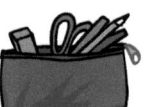

estoig

kheise ya phensele

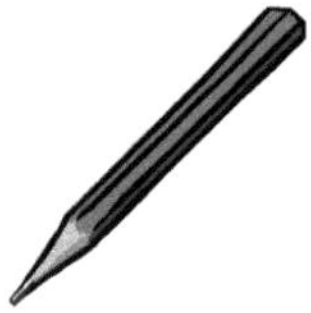

llapis

phensele

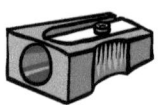

maquineta de fer punta

motšhene wa go betla phensele

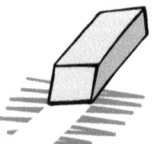

goma

rabhara

bloc de dibuix

phede ya ho thala

dibuix

go thala

pinzell

borashe ya go penta

capsa de pintures

lepokisi la go penta

tisores

sekero

cola

sekgomaretši

quadern d'exercicis

puku ya go ngwala

deures

mošomo wa gae

nombre

nomoro

afegir

tlatša

sostreure

go ntšha

multiplicar

go atiša

calcular

khalekhuleitha

lletra

lengwalo

alfabet

alefapete

mot

lentšu

text
mongolo

llegir
bala

guix
tšhoko

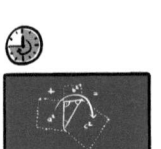

lliçó
thuto

llibre de classe
puku ya maina

examen
thuto

certificat
setifikeite

uniforme escolar
diaparo tša sekolo

formació
thuto

enciclopèdia
encyclopedia

universitat
yunibesithi

microscopi
maekrosekoupo

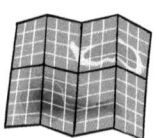

mapa
mmapa

paperera
pasekete ya matlakala a ditšhila

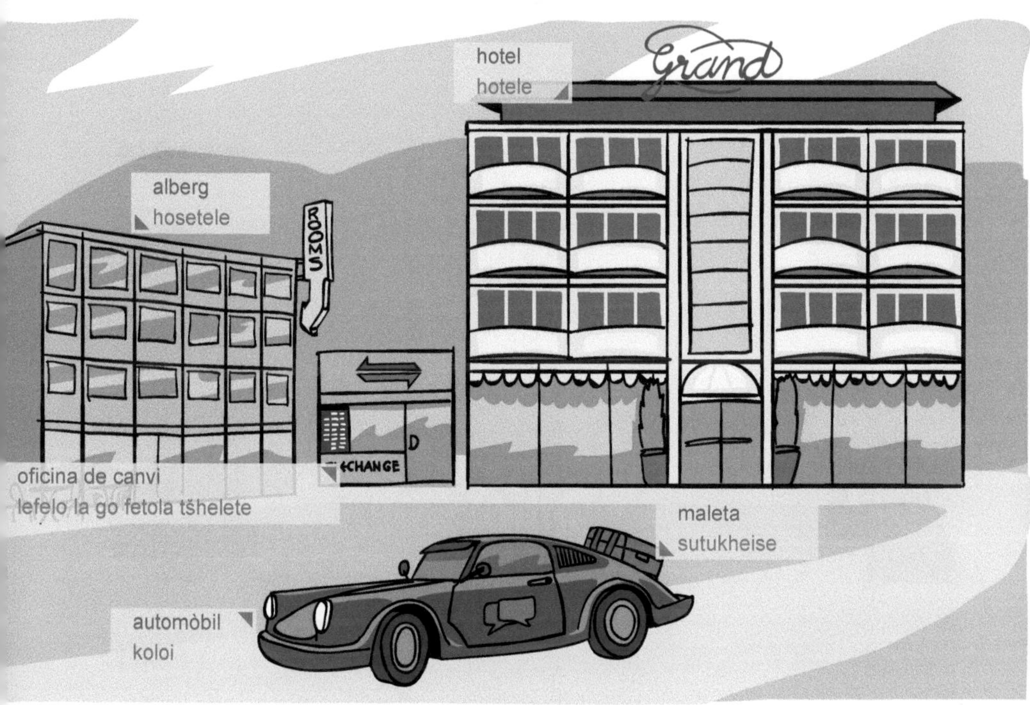

hotel
hotele
Grand
alberg
hosetele
ROOMS
EXCHANGE
oficina de canvi
lefelo la go fetola tšhelete
maleta
sutukheise
automòbil
koloi

llengua

Leleme

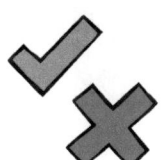

sí / no

ee / aowa

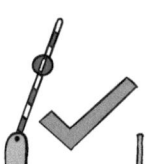

D'acord

Go lokile

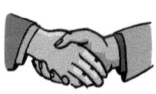

Ey!

Dumela

traductora

mofetoledi

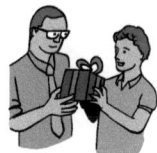

gràcies

Re a leboga

Quant costa... ?

... ke bokae?

No entenc

ga ke kwešiše

problema

bothata

Bona nit!

Thobela!

bon dia!

Meso e mebotse!

bona nit!

Robala botse!

fins aviat

šala gabotse

direcció

keletšo ya tsela

bagatge

peke

bossa

peke

sarrona

mokotla wa dipuku

convidat

moeng

cambra

phapoši

sac de dormir

pekana ya go robala

tenda

mokhukhu

oficina de turisme

boitsebišo bja moeti

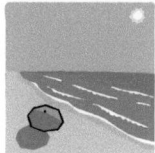

platja

lewatleng

carta de crèdit

karata ya mokitlana

esmorzar

dijo tša mesong

dinar

matena

sopar

dijo tša mantšiboa

bitllet

thikethe

ascensor

lifithi

segell

setempe

frontera

border

duana

setlwaedi

ambaixada

embassy

visat

visa

passaport

phasepoto

transport
senamelwa

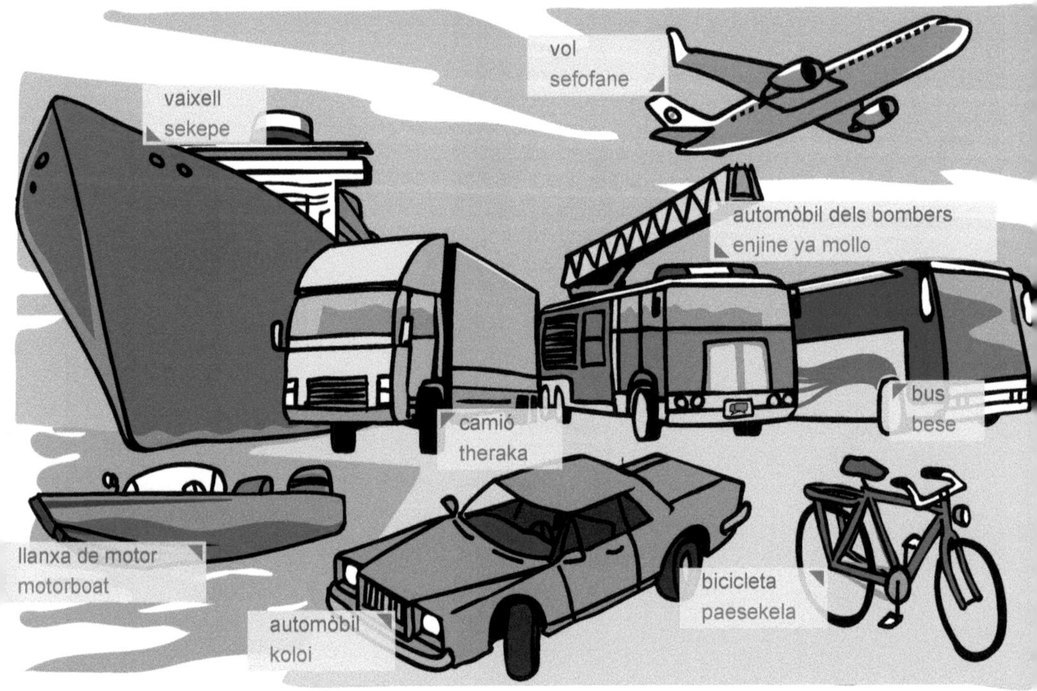

vol
sefofane

vaixell
sekepe

automòbil dels bombers
enjine ya mollo

camió
theraka

bus
bese

llanxa de motor
motorboat

bicicleta
paesekela

automòbil
koloi

transbordador
feri

barca
sekepe

moto
sethuthuthu

automòbil de policia
koloi ya maphodisa

automòbil de curses
koloi ya go šiašiana

automòbil de lloguer
koloi ya go rentišwa

vehicle compartit

go arogana koloi

grua

theraka ya go goga

camió de les escombraries

theraka ya ditlakala

motor

mmotho

benzina

makhura

benzineria

seteišene sa makhura

senyal de trànsit

leswao la therafiki

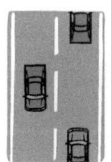

trànsit

therafiki

embús

therafiki

aparcament

lefelo la go phaka dikoloi

estació de trens

seteišene sa terene

vies

tsela

tren

terene

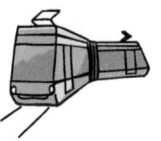

tramvia

theramo

vagó

koloi

helicòpter

sefofane

aeroport

boemafofane

torre

serokami

passatger

monamedi

contenidor

seswari

capsa de cartó

lepokisana

carretó

khathe

cistella

basket

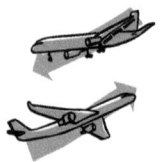

enlairar-se / aterrar

go tloga / go kwatama

ciutat

toropo

poble

motse

centre de la ciutat

bogareng bja toropo

casa

ntlo

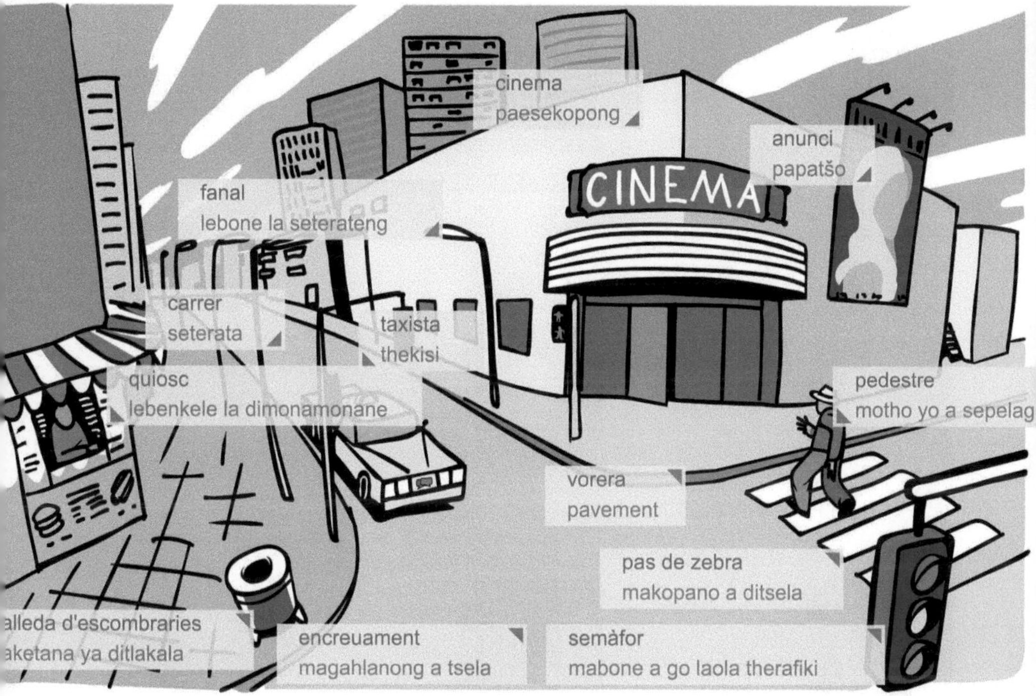

cinema
paesekopong
CINEMA
anunci
papatšo
fanal
lebone la seterateng
carrer
seterata
taxista
thekisi
quiosc
lebenkele la dimonamonane
pedestre
motho yo a sepelag
vorera
pavement
pas de zebra
makopano a ditsela
alleda d'escombraries
aketana ya ditlakala
encreuament
magahlanong a tsela
semàfor
mabone a go laola therafiki

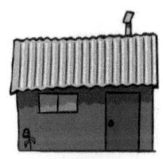

cabana

mokutwana

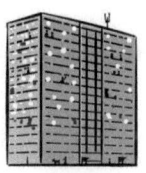

apartament

folete

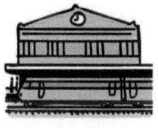

estació de trens

seteišene sa terene

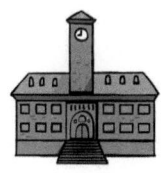

casa de la vila-ciutat

holo ya toropong

MUSEUM

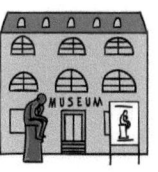

museu

museamo

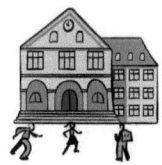

escola

sekolo

universitat

yunibesithi

banca

panka

hospital

sepetlele

hotel

hotele

farmàcia

lebenkele la dihlare

oficina

ofisi

llibreria

lebenkele la dipuku

botiga

lebenkele la dijo

floristeria

lebenkele la matšoba

supermercat

lebenkele la dihlare

mercat

mmakete

gran magatzem

lebenkele la dilo tše dintši

peixateria

fishmonger's

centre comercial

lefelo la mabenkele

port

boemakepe

parc

phaka

banc

bench

pont

leporogo

escala

ditepisi

metro

ka tlase

túnel

thanele

parada d'autobús

boemela pese

bar

bar

restaurant

lebenkele la dijo

bústia de correu

lepokisi la poso

senyal indicador

leswao la seterata

parquímetre

mithara wa go phaka koloi

zoo

zuu

piscina

letamo la go rutha

mesquita

lefelo la mamoseleme

granja

polasa

pol·lució

tšhilafalo

cementiri

mabitla

església

kereke

parc infantil

lefelo la go bapala

temple

tempele

paisatge

lefelo la dithaba

fulla
lotlakala

cartell indicador
leswao la tsela

camí
tsela

prat
lefelo kgauswi le noka

pedra
letlapa

arbre
mohlare

excursionista
mophara thaba

riu
noka

gespa
bjang

flor
letšoba

vall
tsela

muntanya
thaba

llac
letangwana la meetsi

bosc
sethokgwa

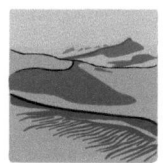

desert
leganata

volcà
thabamollo

castell
ntlo e kgolo

arc de Sant Martí
molalatladi

bolet
mushroom

palmera
palm tree

moscard
monang

mosca
fofa

formiga
ditšhošwane

abella
nosi

aranya
segokgo

escarabat

khunkhwane

granota

segwagwa

esquirol

squirrel

eriçó

noko

llebre

mmutla

òliba

leribiši

ocell

nonyana

cigne

mogolodi

senglar

kolobe ya naga

cervo

phuthi

ant

phuthi

presa

letamo

turbina

wind turbine

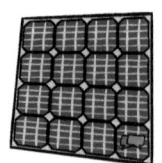

panell solar

phanele ya solar

clima

leratadima

restaurant

lebenkele la dijo

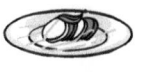

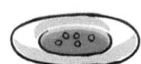

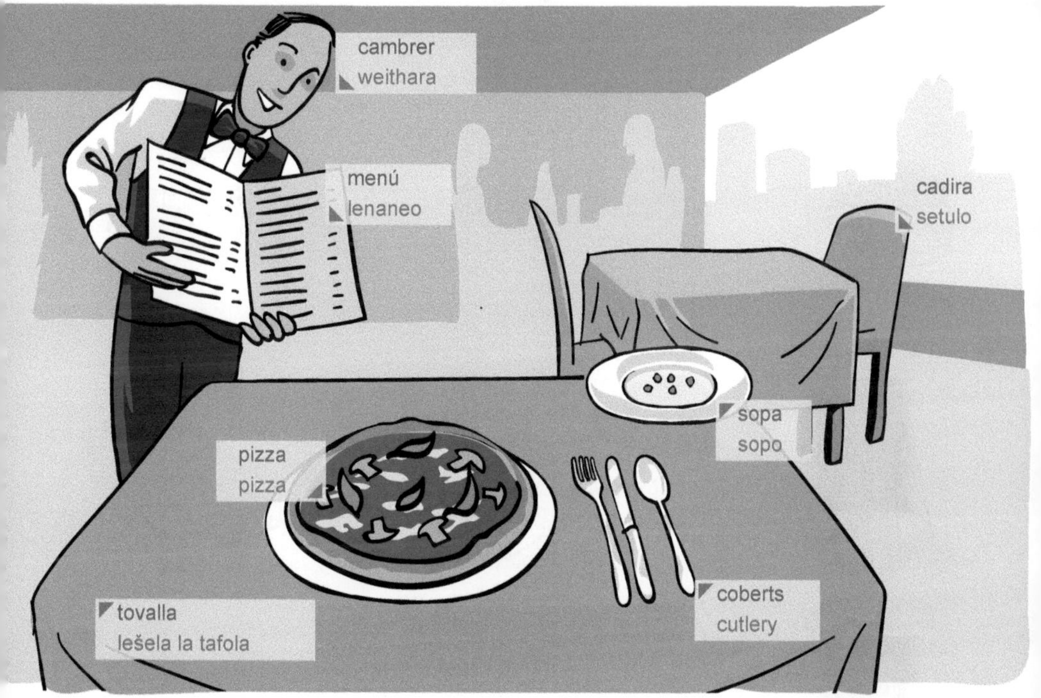

cambrer
weithara
menú
lenaneo
cadira
setulo
sopa
sopo
pizza
pizza
tovalla
lešela la tafola
coberts
cutlery

primer plat

dijo tša mathomo

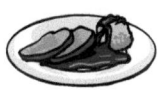

plat principal

dijo

darreries

dimonamonane

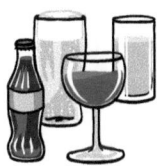

begudes

dino

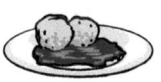

menjar

dijo

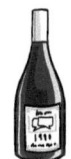

ampolla

lepotlelo la ngwana

menjar ràpid

fastfood

menjar de carrer

dijo tša seterateng

tetera

ketlele ya tea

sucrer

poleitana swikiri

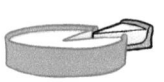

porció

karolo

màquina d'espresso

motšhene wa espresso

trona

setulo sa godimo

factura

tefo

plata

therei

ganivet

thipa

forqueta

foroko

cullera

lelepola

cullereta

lelepola

tovalló

lešela la go iphomola

got

galase

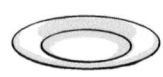

plat

poleite

plat de sopa

poleite ya sopo

plateret

sosara

salsa

moroto

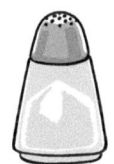

saler

poto ya letswai

molinet de pebre

sešila phepha

vinagre

vinegar

oli

makhura

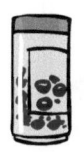

espècies

sepaese

quètxup

tamatisoso

mostassa

masetete

maionesa

mayonnaise

supermercat
lebenkele la dihlare

oferta especial
dithekišo tša tlase
FOR
client
moreki
productes lactis
dijo tša go ba le maswi
fruites
dikenywa
carret de la compra
teroli

BUTCHERS

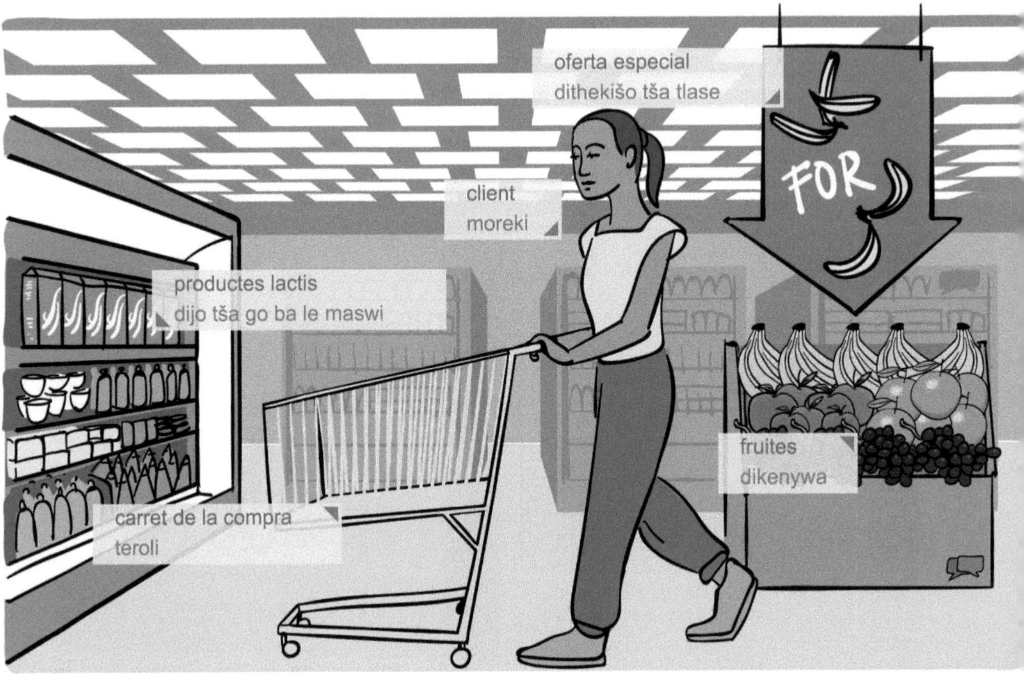

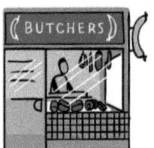

carnisseria

selaga

BAKERY

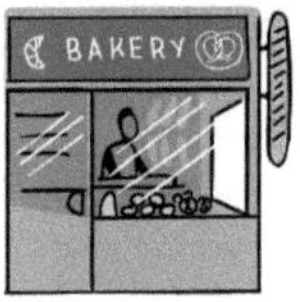

forn de pa

moapei wa dikuku

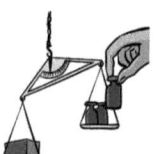

pesar

kala

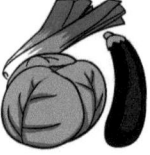

verdures

merogo

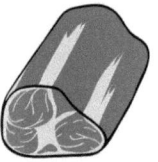

carn

nama

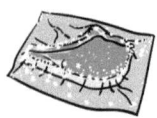

menjar congelat

dijo tše gahlišitšwego

carn freda

nama ya go tonya

conserves

tinned food

detergent en pols

sešepi sa go hlatswa

dolços

dimonamonane

articles domèstics

dilo tša ka ntlong

productes de neteja

didirišwa tša go hlwekiša

venedora

morekiši

caixa registradora

till

caixera

morekiši

llista de la compra

lenaneo la tše rekišwago

horari d'obertura

diiri tša go bula

portamonedes

sepatšhe

carta de crèdit

karata ya mokitlana

bossa

peke

bossa de plàstic

peke ya polasetiki

aigua

meetsi

suc

Juice

llet

maswi

coca-cola

coke

vi

beine

cervesa

bhiri

alcohol

bjala

cacau

cocoa

te

tea

cafè

kofi

espresso

espresso

cappuccino

cappuccino

banana

banana

poma

apola

taronja

namome

síndria

melon

llimona

namone

pastanaga

carrot

all

garlic

bambú

bamboo

ceba

keiye

bolet

mushroom

avellanes

ditokomane

fideus

noodles

espaguetis

spaghetti

arròs

raese

amanida

salate

patates fregides

ditšhipisi

patates fregides

matapola a gadikilwego

pizza

pizza

hamburguesa

hambeka

entrepà

sandwich

escalopa

cutlet

cuixot

ham

salami

salami

salsitxa

sausage

pollastre

kgogo

rostit

gadika

peix

hlaphi

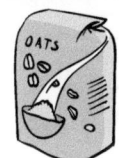

flocs de civada

bogobe bja oats

musli

muesli

cereals

cornflakes

farina

folouro

croissant

croissant

panet

dipanse

pa

borotho

torrada

toaster

bescuits

dipisikiti

mantega

botoro

mató

curd

pastís

kuku

ou

lee

ou fregit

lee le gadikilwego

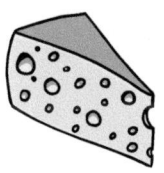

formatge

tshese

menjar - dijo

gelat

ice cream

sucre

swikiri

mel

todi ya dinosi

melmelada

jeme

crema de xocolata

chocolate spread

curri

curry

granja
polasa

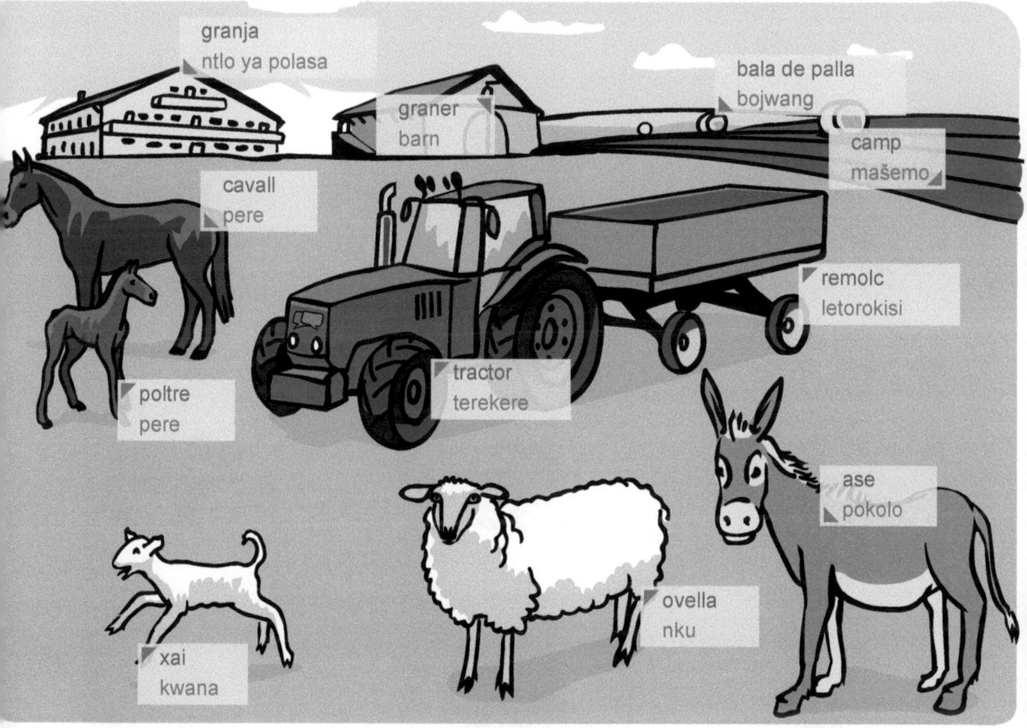
granja
ntlo ya polasa
graner
barn
bala de palla
bojwang
camp
mašemo
cavall
pere
remolc
letorokisi
tractor
terekere
poltre
pere
ase
pokolo
ovella
nku
xai
kwana

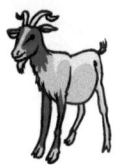

cabra

pudi

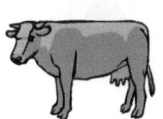

vaca

kgomu

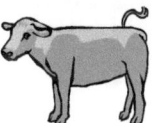

vedella

namane

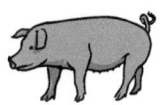

porc

kolobe

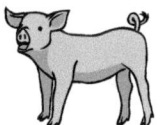

garrí

kolobjana

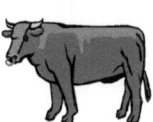

bou

poo

oca

leganse

ànec

leganse

poll

letswienyane

gall

kgogo

gallina

mokoko

rata

legotlo

gat

katse

ratolí

legotlo

bou

pholo

gos

mpšha

gossera

ntlwana ya mpšha

mànega de regar

lethompo la seratswana

regadora

khene ya meetse

dalla

peke

arada

megoma ya terekere

falç

sekele

aixada

mogoma

forca

foroko

destral

selepe

carretó

kiribai

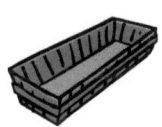

abeurador

letangwana la meetsi

lletera

khene ya maswi

sac

lesaka

tanca

fense

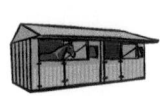

establa

stable

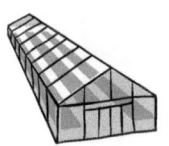

hivernacle

ntlwana ya galase ya
dihlare

sòl

mobu

llavor

peu

adob

manyora

collidora

motšhene wa go buna

collir

buna

collita

buna

nyam

tse monate

blat

korong

soja

soy

patata

letapola

blat de moro o d'indi

korong

colza

rapeseed

arbre fruiter

mohlare wa dikenywa

mandioca

cassava

cereals

disereale

fumera
tšhemela

teulada
marulelo

canaló
phaephe ya drain

finestra
lefasetere

garatge
karatše

campana
nakana ya lebati

pòrta
lebati

galleda de les escombraries
pakete ya matlakala

búst ia de correu
lepokisi la maletere

jardí
serapana

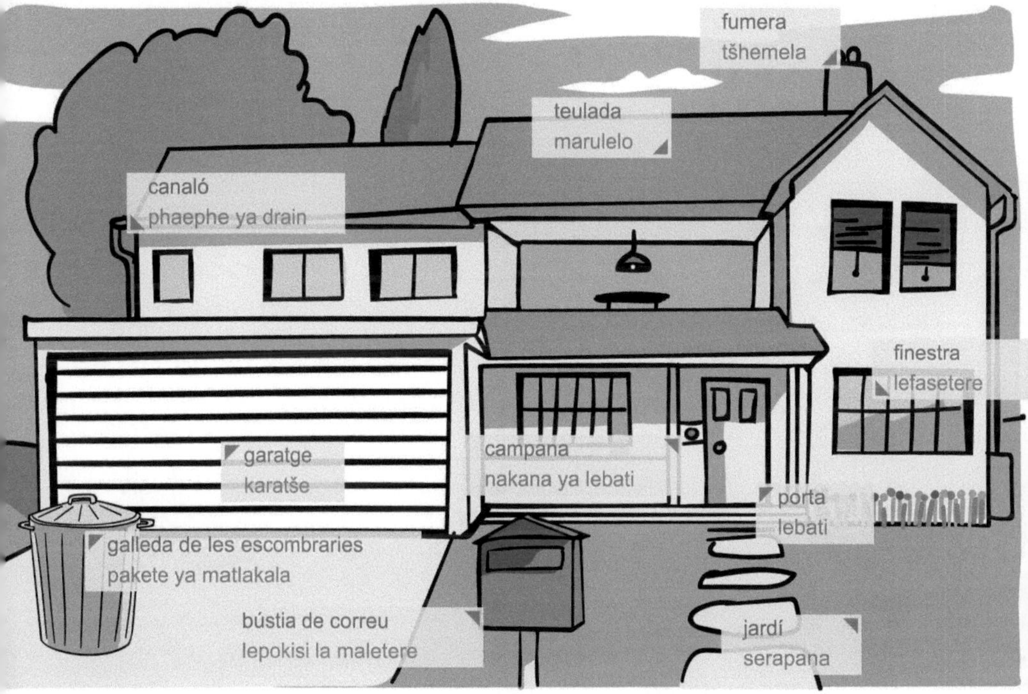

sala d'estar

phapoši ya go dula

bany

kamora ya go hlapela

cuina

boapeelo

cambra de dormir

phapoši ya go robala

cambra de nen

phapoši ya bana

menjador

lefelo la boiketlo

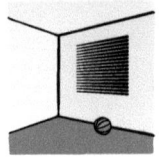

sòl
fase

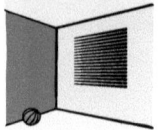

paret
lebota

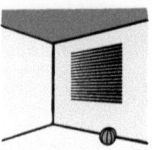

sostre
siling

soterrani
cellar

sauna
sauna

balcó
letsikangope

terrassa
lelapa

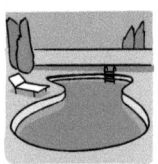

piscina
letamo la go rutha

tallagespa
motšhene wa go sega bjang

vànova
lešela la go iphomola

cobrellit
lešela la mpeto

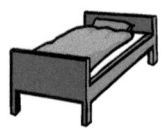

llit
mpeto

escombra
leswielo

galleda
pakete

interruptor
pholaka

sala d'estar
phapoši ya go dula

paper de paret
senepe sa sediriŝwa
quadre
senepe
làmpada
lebone
prestatge
shelofe
armari
khaboto
televisor
thelebišene
escalfapanxes
lefelo la mollo
flor
letšoba
coixí
kobo
sofà
sofa
gerro
vase
telecomanda
remote control

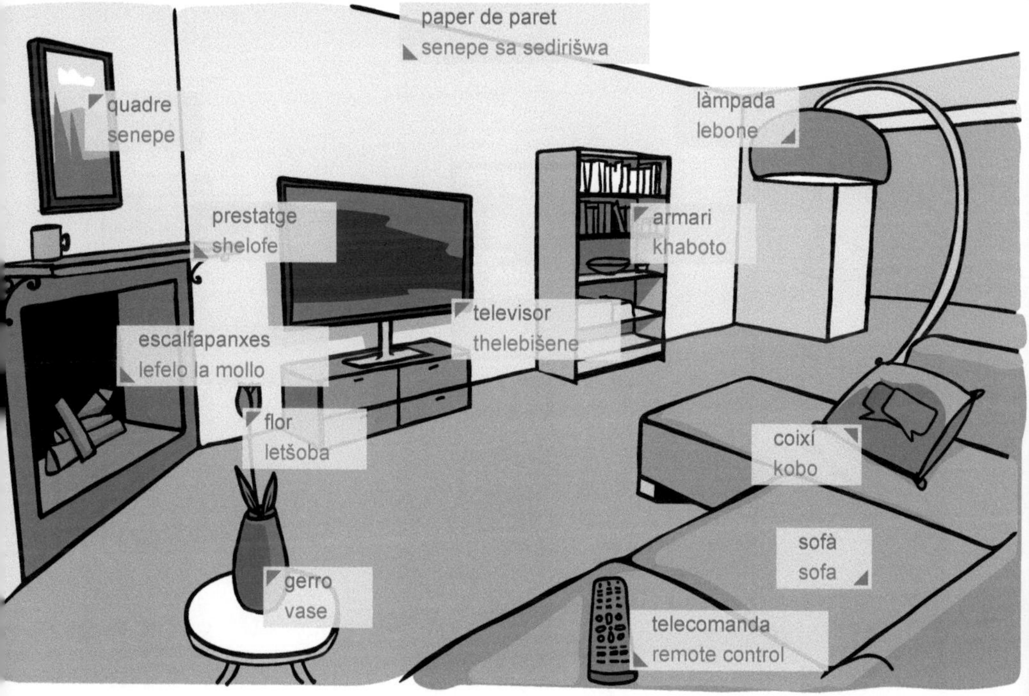

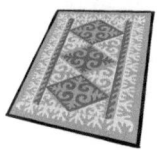

catifa

khaphete

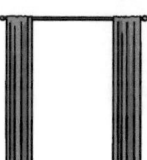

cortina

garetene

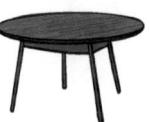

taula

tafola

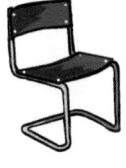

cadira

setulo

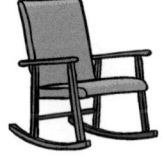

cadira gronxadora

rocking chair

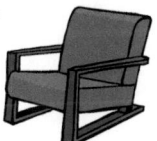

cadiral

armchair

llibre

buka

llençol

kobo

decoració

bokgabišo

llenya

dikota tša mollo

film

filimi

cadena de música

sedirišwa sa hi-fi

clau

senotlelo

diari

kuranta

pintura

go penta

cartell

phouseta

ràdio

radio

bloc de notes

pukwana ya go ngwala

aspiradora

motšhene wa go hlwekiša

cactus

mohlašana wa cactus

candela

kerese

cuina
boapeelo

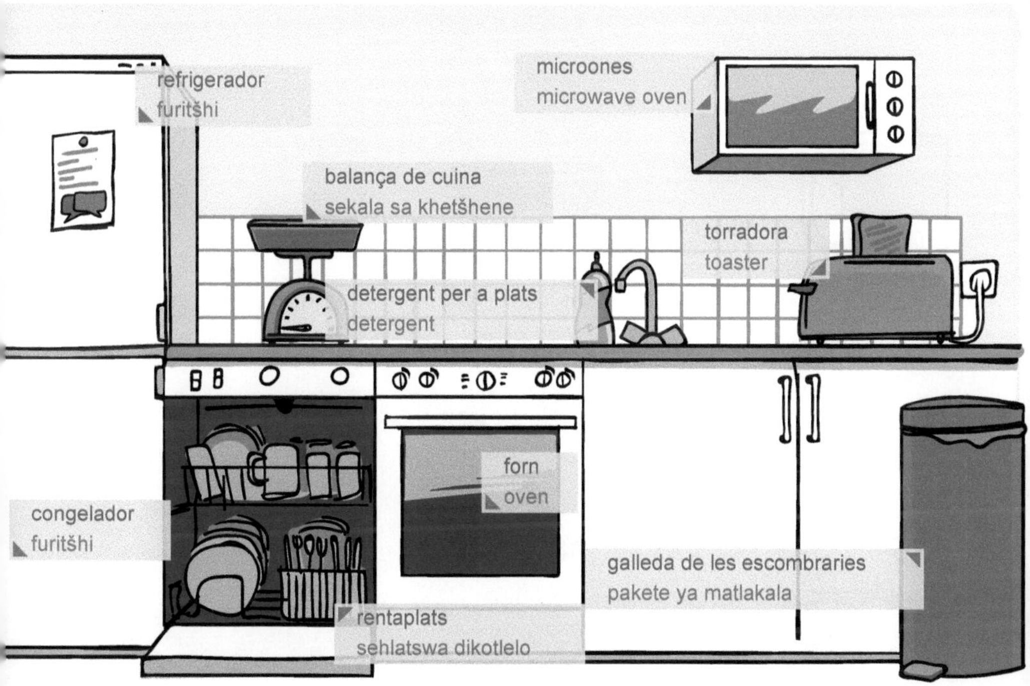
refrigerador
furitšhi
microones
microwave oven
balança de cuina
sekala sa khetšhene
torradora
toaster
detergent per a plats
detergent
forn
oven
congelador
furitšhi
galleda de les escombraries
pakete ya matlakala
rentaplats
sehlatswa dikotlelo

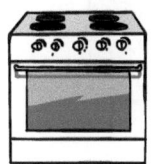

cuina de fogons

moapei

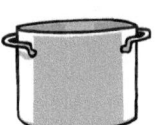

olla

pitša

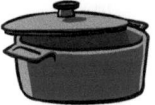

olla de ferro colat

cast-iron pot

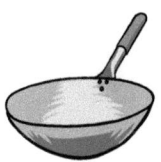

wok / karahi

wok / kadai

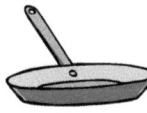

paella

pane

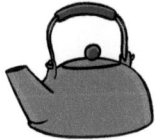

bullidor

ketlele

olla de vapor

steamer

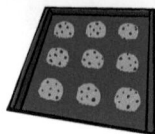

plata de forn

therei ya go paka

vaixella

dikotlelo

tassa grossa

komiki

bol

mogopo

bastonets xinesos

diphathana tša go ja

culler

lelepola la ladle

espàtula

spatula

batedor

whisk

colador

strainer

sedàs

sefo

ratllador

kereitara

morter

mortar

barbacoa

barbecue

foc a terra

thuntšha

taula de tallar

boto ya dijo

corró

rolling pin

llevataps

sebula lepotlelo

pot de conserva

khene

obridor

sebula khene

agafador

seswara dipoto

aigüera

sinki

raspall

borashe

esponja

sepontše

batedora

sehlakanyi

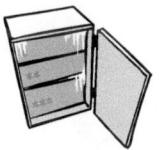

congelador

freezer

biberó

lepotlelo la ngwana

aixeta

pompi

bany

kamora ya go hlapela

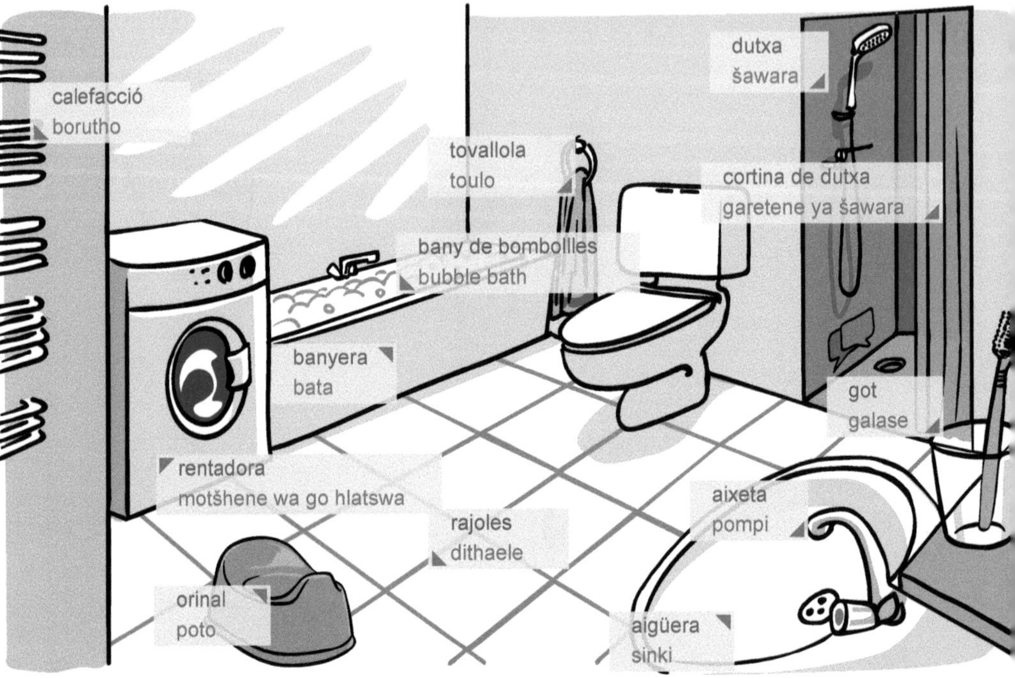
calefacció
borutho
tovallola
toulo
dutxa
šawara
cortina de dutxa
garetene ya šawara
bany de bombolles
bubble bath
banyera
bata
got
galase
rentadora
motšhene wa go hlatswa
aixeta
pompi
rajoles
dithaele
orinal
poto
aigüera
sinki

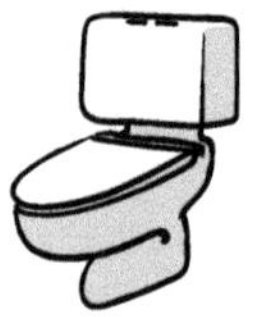

lavabo

ntlwana

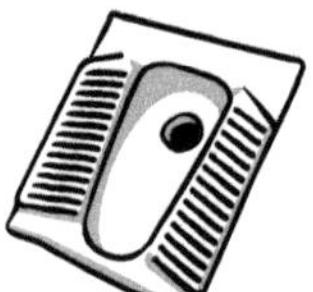

lavabo turc

ntlwana ya ho tshorama

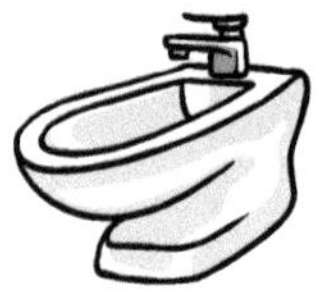

bidet

bidet

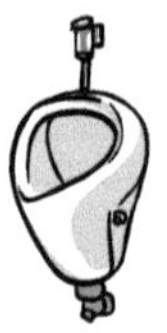

orinador

moroto

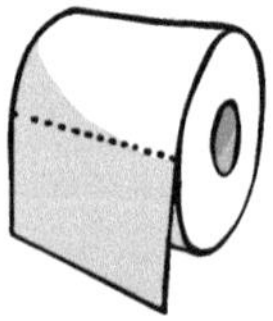

paper higiènic

pampiri ya ntlwana

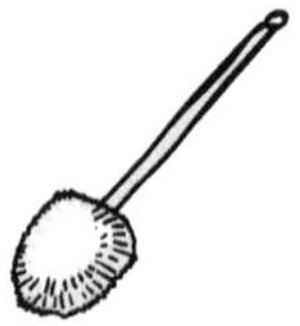

escombreta de sanitari

boraše ya ntlwana

raspall de dents

boraše ya ho hlapa meno

pasta de dents

sešepi sa meno

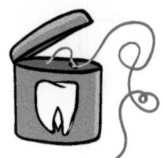

fil dental

floss ya meno

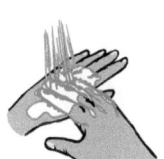

rentar

hlatswa

pom de dutxa

shawara ya go swarwa ka matsogo

dutxa íntima

douche

rentamans

basin

raspall per a l'esquena

back brush

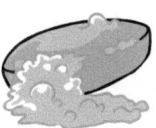

sabó

sešepi

gel de dutxa

sešepi sa ka šawareng

xampú

shampoo

manyopla de bany

folene

bonera

drain

crema

sa go tlola

desodorant

senkgiša bose

mirall

seipone

mirall-espill de mà

sepili se senyenyane

maquineta de rasar

legare

espuma de barbejar

shaving foam

loció post-rasada

aftershave

pinta

kamo

raspall

boraše

eixugador

derayara ya moriri

laca

setlola sa moriri

maquillatge

makeup

pintallavis

setlola sa molomo

esmalt d'ungles

varnish ya manala

cotó

wulu

tallaungles

sekero sa dinala

perfum

phefumo

estoig de bellesa

pekana ya tša go hlapa

tamboret

setulo

bàscula

sekala

barnús

toulwana ya go hlapa

guants de goma

ditlelafo tša rabara

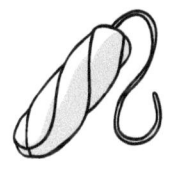

compresa higiènica

tampon

compresa

toulo ya go phumula matsogo

sanitari químic

ntlwana ya dikhemikhale

cambra de nen

phapoši ya bana

despertador
watšhe ya alamo
animal de peluix
mpopi
auto de joguina
koloi ya go bapadiša
sonall
rattle ya bana
casa de nines
ntlo ya mepopi
present
present

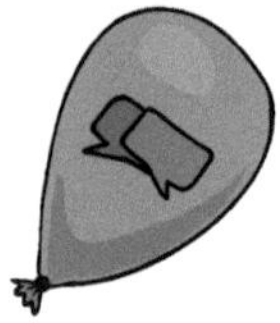

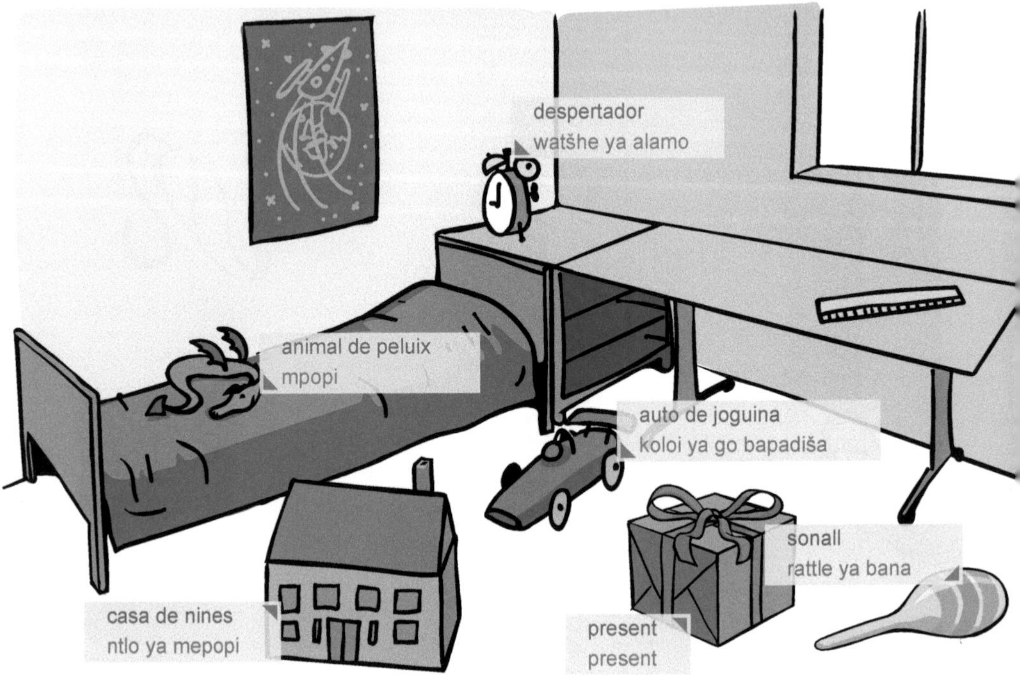

baló

baluni

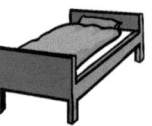

llit

mpeto

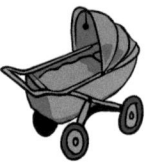

cotxet per a nens

phorema

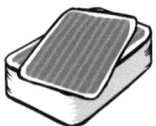

joc de cartes

dikarata

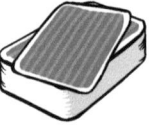

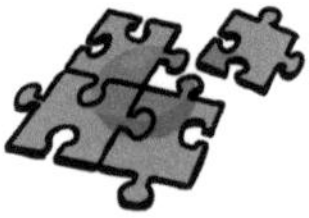

trencaclosca

papadi ya jigsaw

SUPER MEGA

historieta

metlae

peces de lego
....
papadi ya lego bricks

peces de construcció
....
papadi ya building blocks

ninot d'acció
....
action figure

granota
....
go gola ga ngwana

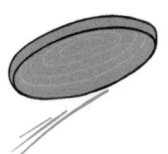

frisbee
....
papadi ya Frisbee

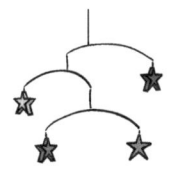

mòbil per a bressol
....
mobile

joc de taula
....
papadi ya boto

daus
....
letaese

tren elèctric
....
model train set

xumet
....
tami

festa
....
phathi

llibre de dibuixos
....
puku ya dinepe

pilota
....
kgwele

nina
....
mpopi

jugar
....
bapala

sorrera

sandpit

gronxador

swing

joguines

tša go bapadiša

consola de jocs de vídeo

sedirišwa sa dipapadi tša bidio

tricicle

paesekele ya bana

osset de peluix

teddy bear

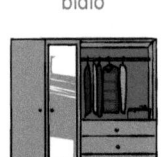

armari

oteropo

roba

diaparo

mitjons

masokisi

mitges

masokisi

mitja pantaló

pentihouso

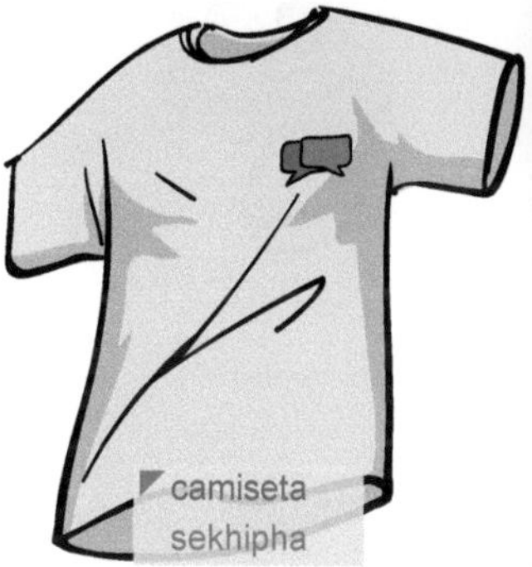

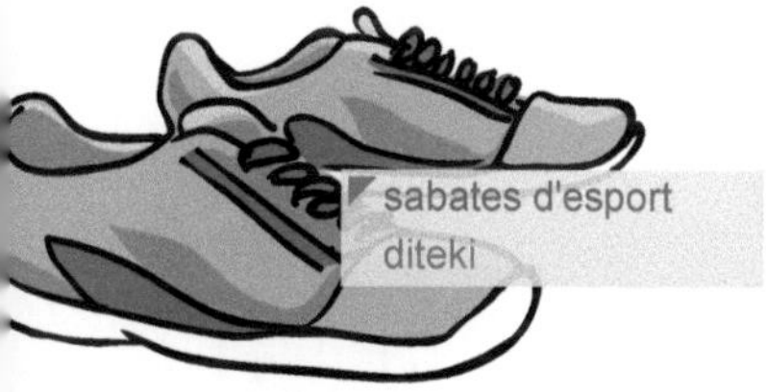

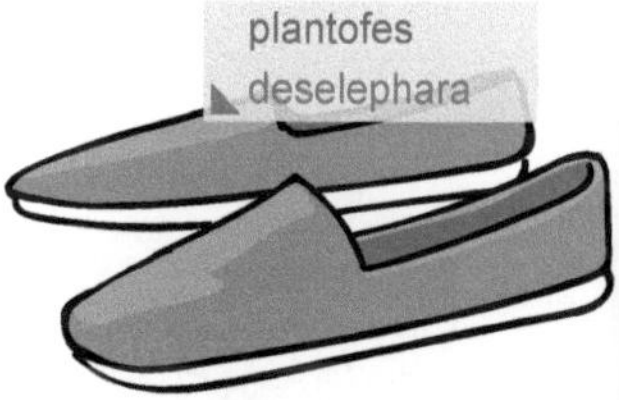

tapacoll
sekhafo

cintura
lepanta

paraigua
amporela

camiseta
sekhipha

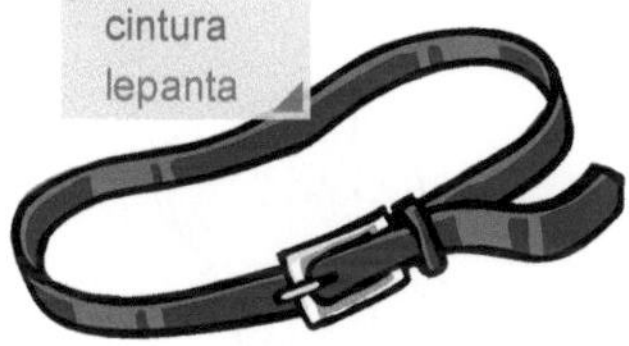

botes
diputsu

sabates d'esport
diteki

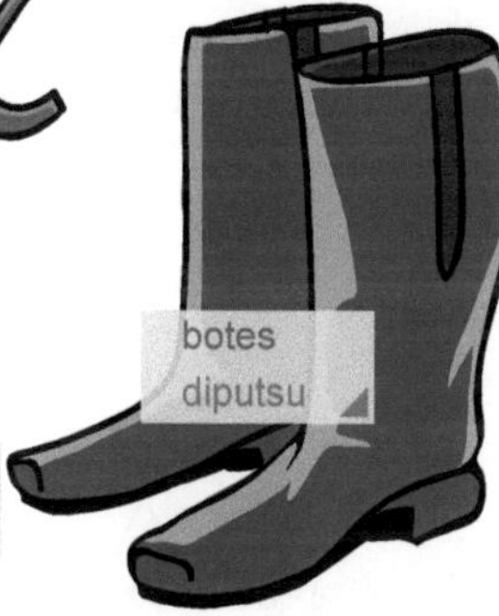

plantofes
deselephara

sandàlies

ramphešane

sabates

dieta

botes de goma

diputsu tša rabara

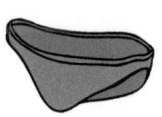

calçonets

borokgwana bja ka fase

sostenidor

seaparo sa bra

guardapits

besete

jjustacòs

mmele

pantalons

marokgo

jeans

pokathe

faldeta

sekhethe

brusa

seaparo sa blouse

camisa

hempe

jersei

jase

dessuadora

jase

blazer

seaparo sa blazer

jaqueta

baki

mantell

jase

impermeable

jase ya pula

vestit de dona

khosetumo

vestit de dona

roko

vestit de núvia

lešira

vestit d'home

sutu

camisa de dormir

seaparo sa go robala

pijama

dipejama

sari

sari

mocador de cap

sekafo

turbant

turban

burca

seaparo sa burqa

caftan

roko ya kaftan

abaia

abaya

vestit de bany

seaparo sa go rutha

calçon(et)s de bany

diteranka

pantalons curts

marukgwana a manyenyane

xandall

terekesutu

davantal

apron

guants

ditlelafo

botó

konope

ulleres

digalase

braçalet

boreiselete

collaret

nekeleise

anell

palamonwana

orellera

lengena

casquet

kepisi

penjador

hengere ya jase

capell

kefa

corbata

thai

cremallera

zip

casc

helmete

elàstics

braces

uniforme escolar

diaparo tša sekolo

uniforme

unifomo

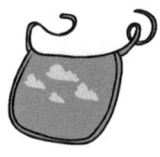

pitet

seaparo sa bib

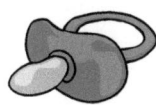

xumet

tami

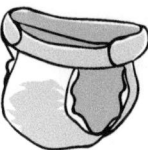

bolquer

mongato

oficina
ofisi

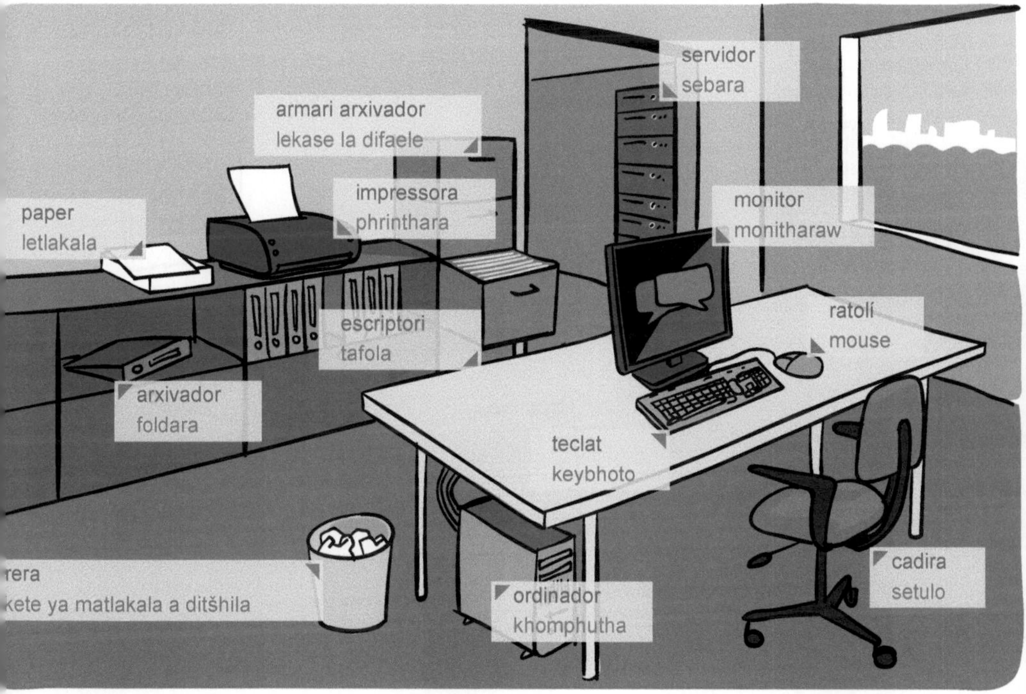

servidor
sebara
armari arxivador
lekase la difaele
impressora
phrinthara
paper
letlakala
monitor
monitharaw
escriptori
tafola
ratolí
mouse
arxivador
foldara
teclat
keybhoto
rera
kete ya matlakala a ditšhila
ordinador
khomphutha
cadira
setulo

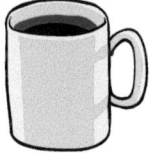

tassa de cafè

komiki ya kofi

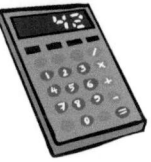

calculadora

khalekhuleitha

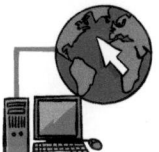

Internet

inthanete

ordinador portàtil

laptop

lletra

lengwalo

missatge

molaetša

mòbil

mogalathekeng

xarxa

netweke

fotocopiadora

motšhene wa go photokhopa

programari

software

telèfon

mogala

presa de corrent

pholaka ya sokete

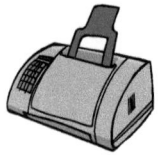

fax

motšhine wa go fekesa

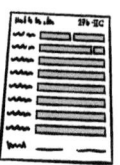

formulari

fomo

document

dipampiri

oficina - ofisi

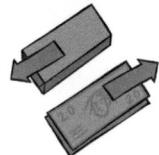

comprar
reka

pagar
lefa

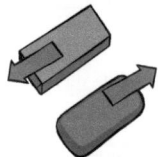

comerciar
rekiša

diners
tšhelete

dòlar
dollar

euro
euro

ien
yen

ruble
rouble

franc suís
Swiss franc

renminbi
renminbi yuan

rupia
rupee

caixa automàtica
lefelo la go ntšha tšhelete

oficina de canvi

lefelo la go fetola tšhelete

or

gauta

argent

silifera

petroli

oil

energia

matla

preu

poraese

contracte

konteraka

impost

motšhelo

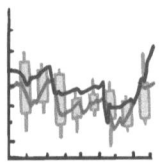

acció

setokho

treballar

mošomo

treballador

mošomi

empresari

mothwadi

fàbrica

feketori

botiga

lebenkele la dijo

oficis
bodulo

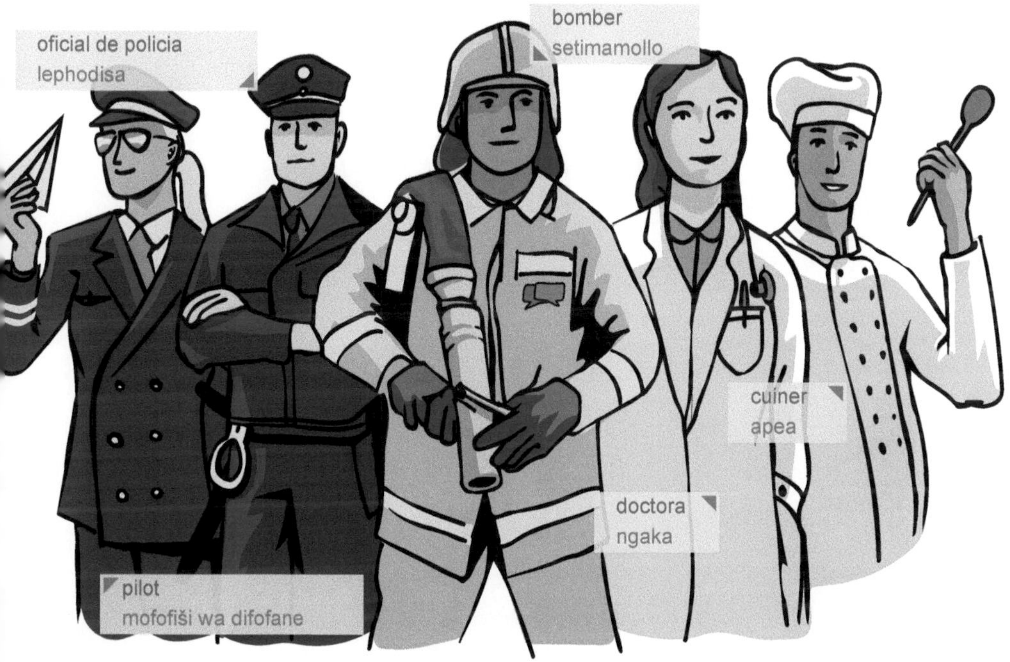
bomber
setimamollo
oficial de policia
lephodisa
cuiner
apea
doctora
ngaka
pilot
mofofiši wa difofane

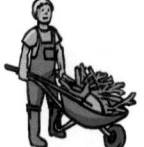

jardiner

mohlokomedi wa dirapana

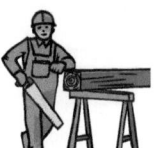

fuster

mmetli

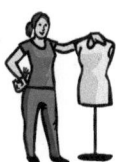

costurera

moroki

jutge

moahlodi

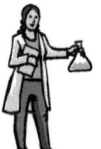

química

khemise

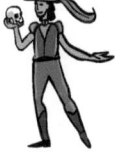

actor

mmapadi

conductor d'autobús

mootledi wa pase

taxista

mootledi wa thekisi

pescador

moswara dihlapi

dona de la neteja

mosadi wa go hlwekiša

ensostrador

molokiša marulelo

cambrer

weithara

caçador

motsomi

pintor

motho wa go penta

forner

mopaki

electricista

electrician

obrer de la construcció

moagi

enginyer

moenjeneare

carnisser

selaga

llanterner

polambara

correu

mosepediši wa poso

soldat

mohlabani

arquitecte

mothadi wa dintlo

caixera

morekiši

florista

molemi wa matšoba

perruquer

mologi wa moriri

revisor

molaodi

mecànic

mekhenikhe

capità

mokapotene

dentista

ngaka ya meno

científic

rathutamahlale

rabí

moruti

imam

moetapele wa dithapelo

monjo

monk

capellà

moruti

eines

didirišwa

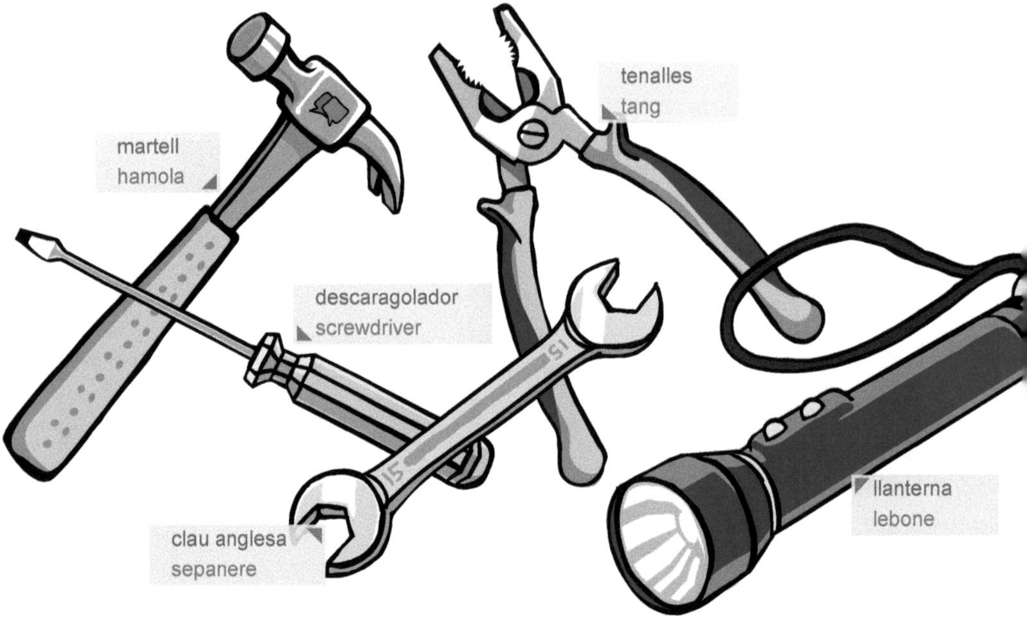

martell
hamola
tenalles
tang
descaragolador
screwdriver
clau anglesa
sepanere
llanterna
lebone

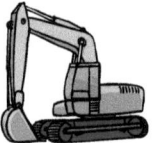

excavadora

seepi

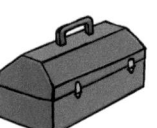

caixa d'eines

lepokisi la dithulusi

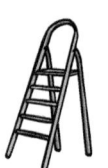

escala

llere

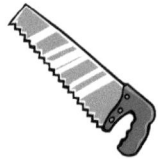

serra

saga

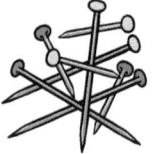

claus

dipikiri

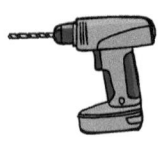

trepant

sebori

reparar

lokiša

pala

garafo

Maleït siga!

ijoo!

pala

seolela matlakala

pot de pintura

pitša ya pente

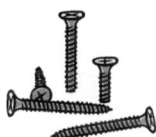

caragols

sekurufu

instrument de música
didirišwa tša mmino

altaveu
segaša modumo

bateria
diteramo

guitarra
katara

contrabaix
beise ya gabedi

trompeta
porompeta

piano
piano

violí
violin

baix
beise

timbal
timpani

tambor
diteramo

teclat
keybhoto

saxofon
saxophone

flauta
phala

micròfon
mmaekrofouno

entrada
tsela ya go tsena

tigre
lengau

gàbia
legaga

zebra
pitse

aliment per a animals
dijo tša diphoofolo

ós panda
bere

animals

diphoofolo

elefant

tlou

cangurú

kangaroo

rinoceront

tšhukudu

goril·la

gorilla

ós

bere

camell

kamela

estruç

mpšhe

lleó

tau

simi

tšhwene

flamenc

nonyana ya flamingo

papagai

nonyana ya parrot

ós polar

bere ya polar

pingüí

penguin

ca mari

shark

paó

phikoko

serp

noga

cocodril

kwena

guardià del zoo

mohlokomedi wa di zoo

foca

sili

jaguar

jaquar

poni
....
pokolo

lleopard
....
lepogo

hipopòtam
....
hippo

girafa
....
thutlwa

àliga
....
lenong

senglar
....
kolobe ya naga

peix
....
hlaphi

tortuga
....
khudu

morsa
....
walrus

guineu
....
phiri

gasela
....
phuthi

futbol americà
kgwele ya Amerika

ciclisme
go reila paesekela

tenis
thenese

bàsquet
basketball

natació
go rutha

boxa
ntwa ya matswele

hoquei sobre gel
hockey ya lehlweng

futbol americà

kgwele ya maoto

bàdminton

badminton

atletisme

bakitimi

handbol

polo ya matsogo

esquí

skiing

polo

polo

activitats
mediro

riure
sega
saltar
taboga
abraçar
gokara
anar
sepela
cantar
opela
somiar
lora
pregar
rapela
fer un petó
atla

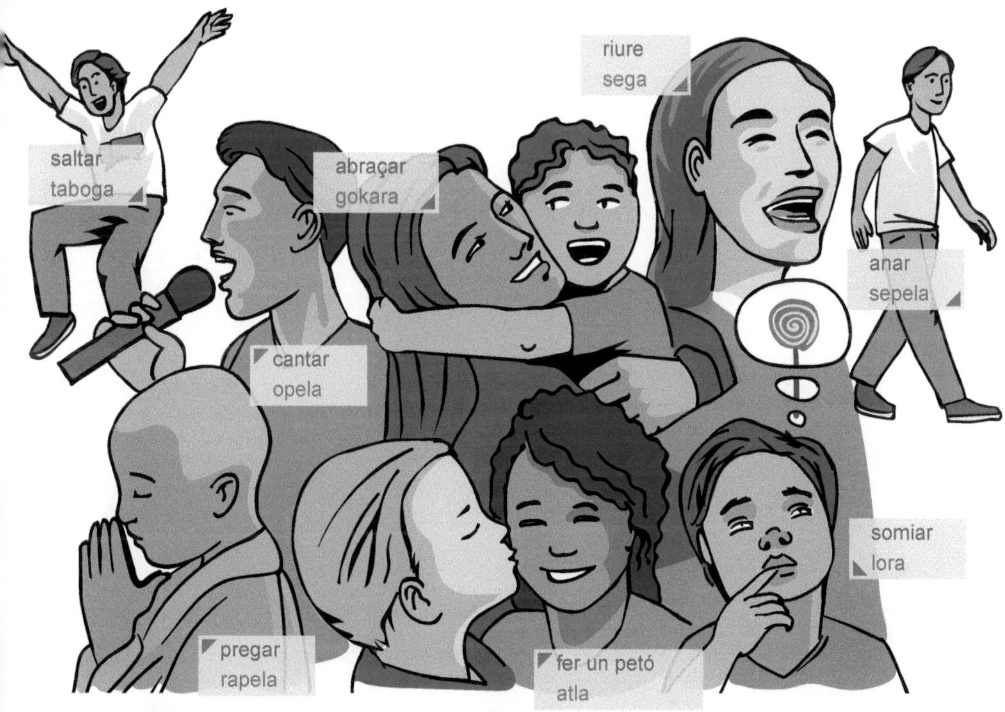

escriure
ngwala

dibuixar
thala

mostrar
bontšha

pitjar
kgorometša

donar
efa

prendre
tšea

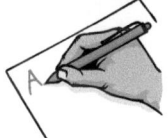

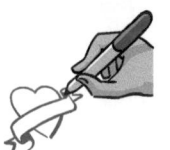

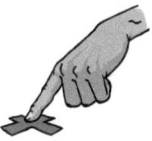

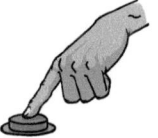

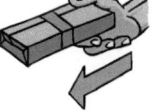

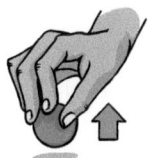

tenir

e ba le

fer

dira

ésser

eba

estar dret

ema

córrer

kitima

estirar

goga

llançar

lahlela

caure

e wa

jeure

maaka

esperar

emanyana

portar

rwala

asseure's

dula

vestir-se

go apara

dormir

robala

despertar-se

tsoga

mirar

lebelela

plorar

lla

amoixar

seterouko

pentinar

kamo

parlar

bolela

comprendre

kwešiša

demanar

botšiša

escoltar

theetša

beure

e nwa

menjar

eja

endreçar

hlwekiša

estimar

lerato

cuinar

apea

conduir

otlela

volar

fofa

navegar

sesa

calcular

khalekhuleitha

llegir

bala

aprendre

ithute

treballar

mošomo

casar-se

nyala

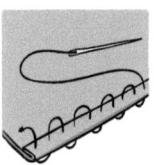

cosir

roka

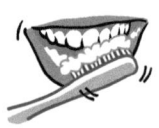

raspallar-se les dents

hlapa meno

matar

bolaya

fumar

kgoga

enviar

romela

àvia
makgolo

avi
rakgolo

pare
tate

mare
mma

nadó
ngwana

filla
morwedi

fill
morwa

convidat
moeng

tia
rakgadi

oncle
malome

germà
abuti

germana
sesi

cos
mmele

front
phatla
ull
leihlo
espatlla
magetla
dit
monwana
cara
sefahlego
barbeta
seledu
mà
seatla
cama
leoto
pit
letswele
braç
letsogo

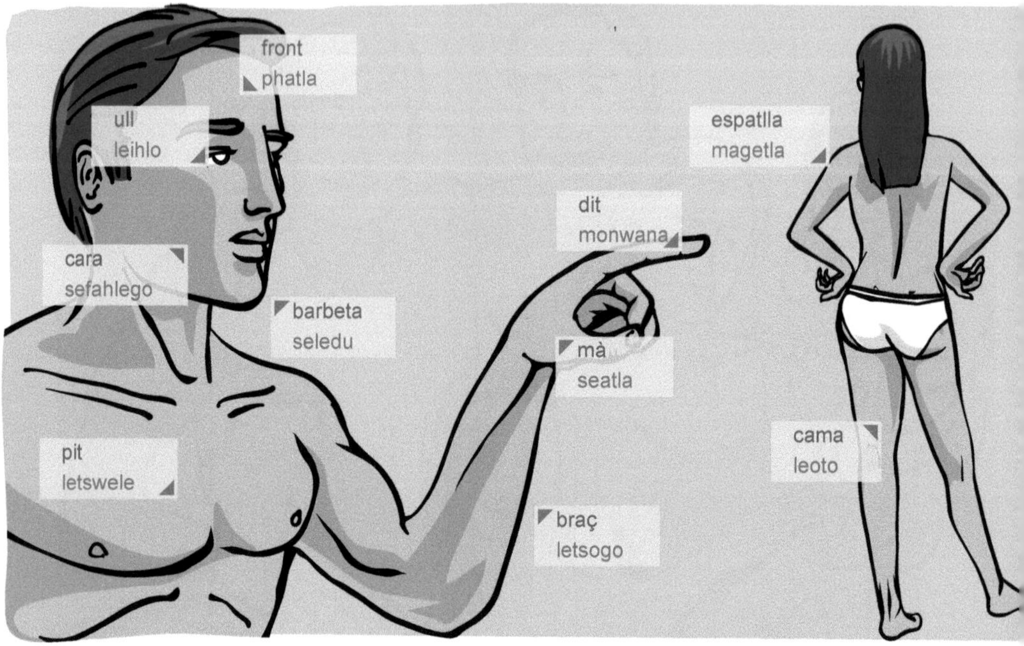

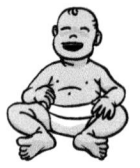

nadó
ngwana

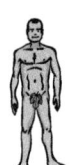

home
monna

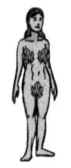

dona
mosadi

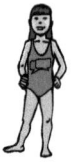

noia
kgarebe

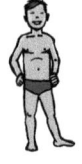

noi
mošemane

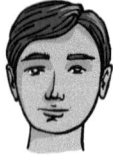

cap
hlogo

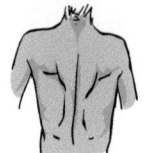

esquena

morago

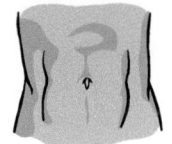

panxa

mokhaba

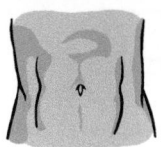

melic

mokhubu

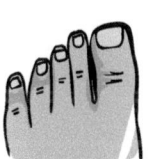

dit gros del peu

monwana

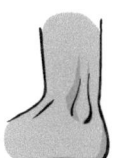

taló

tlhako

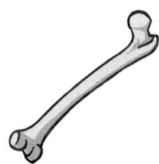

os

lerapo

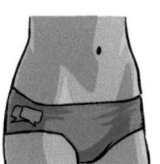

maluc

matheka

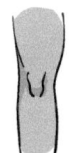

genoll

leoto

colze

khuru

nas

nko

cul

tlase

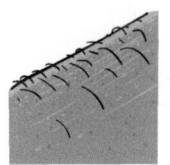

pell

letlalo

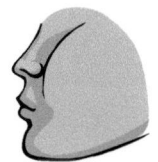

galta

lerama

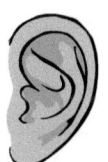

orella

tsebe

llavi

molomo

boca

molomo

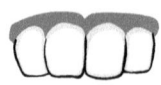

dent

leino

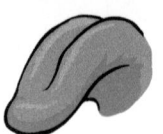

llengua

Leleme

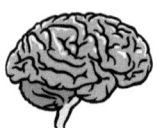

cervell

bjoko

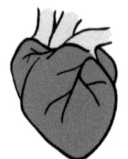

cor

pelo

múscul

segoba

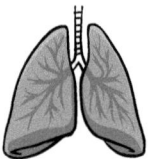

pulmó

maswafo

fetge

sebete

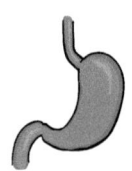

estómac

mala

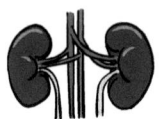

ronyó

diphsio

relació sexual

thobalano

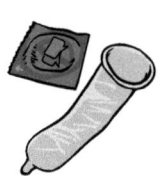

preservatiu

condom

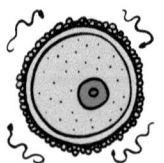

ovari

Ovum

semen

matshedi

prenyat

go ima

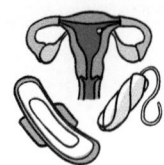

menstruació
....
go bona kgwedi

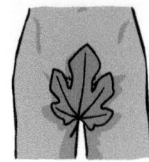

vagina
....
setho sa bosadi

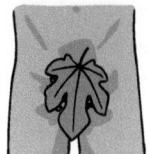

penis
....
setho sa bonna

cella
....
dintši

cabells
....
moriri

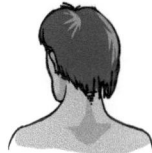

coll
....
molala

hospital
sepetlele

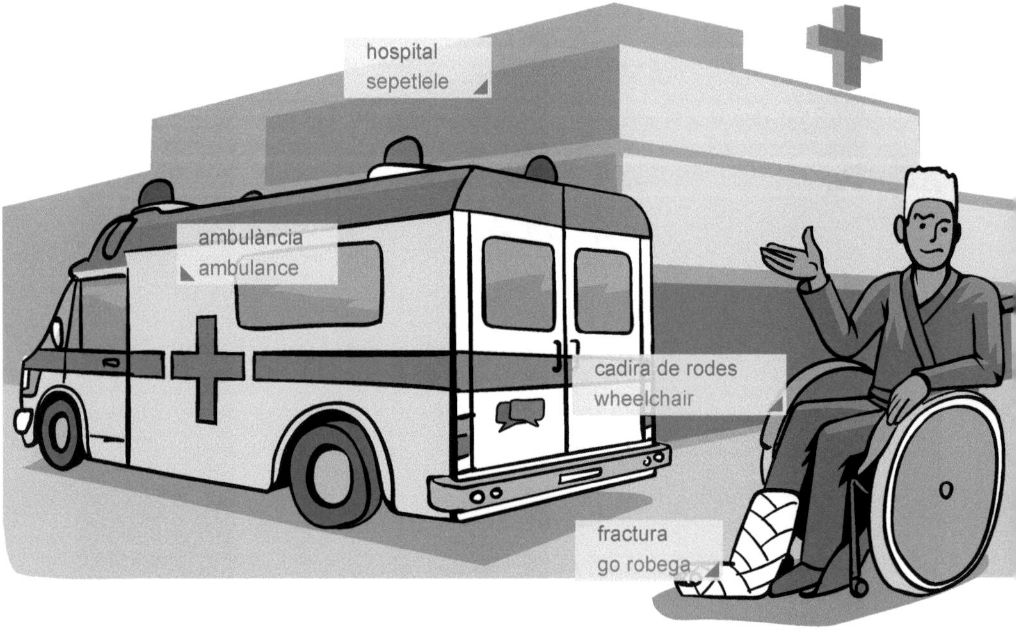

hospital
sepetlele
ambulància
ambulance
cadira de rodes
wheelchair
fractura
go robega

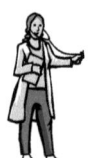

doctora

ngaka

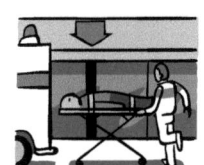

sala d'urgències

phapoši ya tša tšhoganetšo

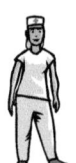

infermera

mooki

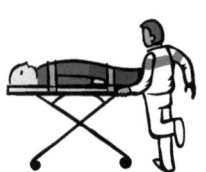

urgència

tšhoganetšo

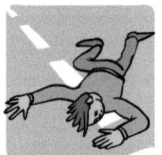

inconscient

go idibala

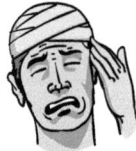

dolor

bohloko

ferida

go gobala

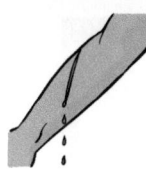

sagnament

go tšwa madi

atac de cor

bolwetši bja pelo

apoplexia

setorouko

al·lèrgia

ge mmele o ganana le dijo

tos

go gohlola

febre

go gohlola

gripa

sehuba

diarrea

letšhollo

mal de cap

go opa ke hlogo

càncer

kankere

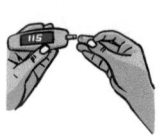

diabetis

swikiri

cirurgià

mmui

escalpel

thipa ya scalpel

operació

go bulwa

tomografia computada (TC), TAC
CT

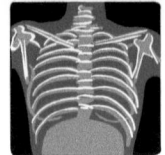

raigs x

x-ray

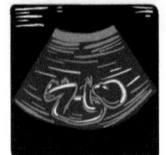

ultrasò

ultrasound

mascareta

sethiba sefahlego

malaltia

bolwetši

sala d'espera

phapoši ya go leta

crossa

lehlotlo

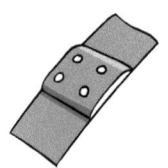

tireta

sedirišwa sa plaster

embenat

lešela la ntho

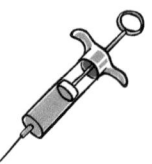

injecció

nalete

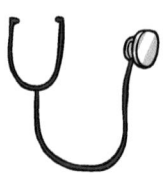

estetoscopi

sthehosekoupo

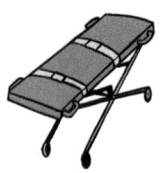

llitera

seteretšhara

termòmetre clínic

themoketha ya kgathelelo

pariment

go belebga

sobrepès

mmele o mogolo

aparell auditiu

sethuša ditsebe

desinfectant

disinfectant

infecció

twatši

virus

baerase

VIH / SIDA

HIV / AIDS

medicina

dihlare

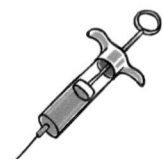

vaccí

tlhabelo ya go thibela
malwetši

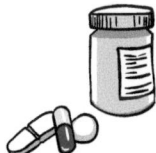

comprimits

dipilisi

píl·lola

pilisi

trucada d'urgència

mogala wa tšhoganetšo

tensiòmetre

sehlahlobi sa pelo

malalt / sà

go babja / phetše gabotse

Socors!	alarma	assalt
Thušo!	alamo	go tšhošetšwa
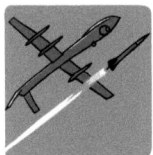		
atac	perill	sortida-eixida d'urgència
tlhaselo	kotsi	go tšwa ka tšhoganetšo

Foc!	extintor	accident
Mollo!	setimamollo	kotsi
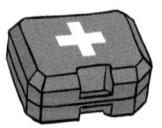		
farmaciola de primers auxilis	SOS	policia
first-aid kit	SOS	maphodisa

Europa

Yuropa

Amèrica del Nord

Amerika Bodikela

Amèrica del Sud

Amerika Borwa

Àfrica

Afrika

Àsia

Asia

Austràlia

Australia

Atlàntic

Atlantic

Pacífic

Pacific

Oceà Índic

Lewatle la India

Oceà Antàrtic

Lewatle la Antarctic

Oceà Àrtic

Lewatle la Arctic

pol nord

North Pole

pol sud
....
South Pole

Antàrtida
....
Antarctica

terra
....
Lefase

país
....
naga

mar
....
noka

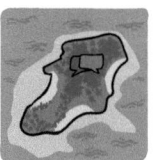

illa
....
island

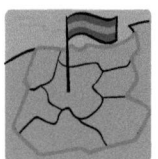

nació
....
naga

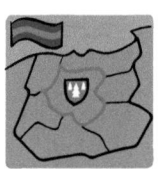

estat
....
state

quadrant

sešupanako sa dinomoro

agulla de les hores

diiri tša sešupanako

agulla dels minuts

metsotso ya sešupanako

agulla dels segons

metsotswana ya
sešupanako

Quina hora és?

Ke nako mang?

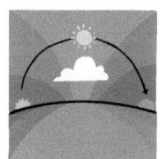

dia

letšatši

temps

nako

ara

gona bjale

rellotge digital

sešupanako sa dinomoro

minut

metsotso

hora

iri

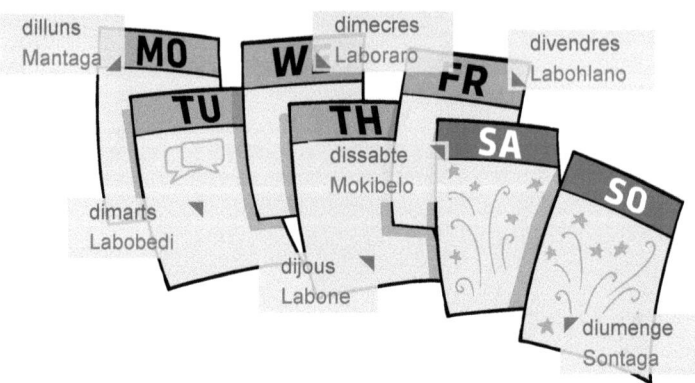

dilluns
Mantaga

dimecres
Laboraro

divendres
Labohlano

dissabte
Mokibelo

dimarts
Labobedi

dijous
Labone

diumenge
Sontaga

ahir

maobane

avui

lehono

demà

ka moswana

matí

mesong

migdia

Thapama

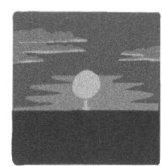

tarda

mantšiboa

dia feiner

matšatši a kgwebo

cap de setmana

mafelobeke

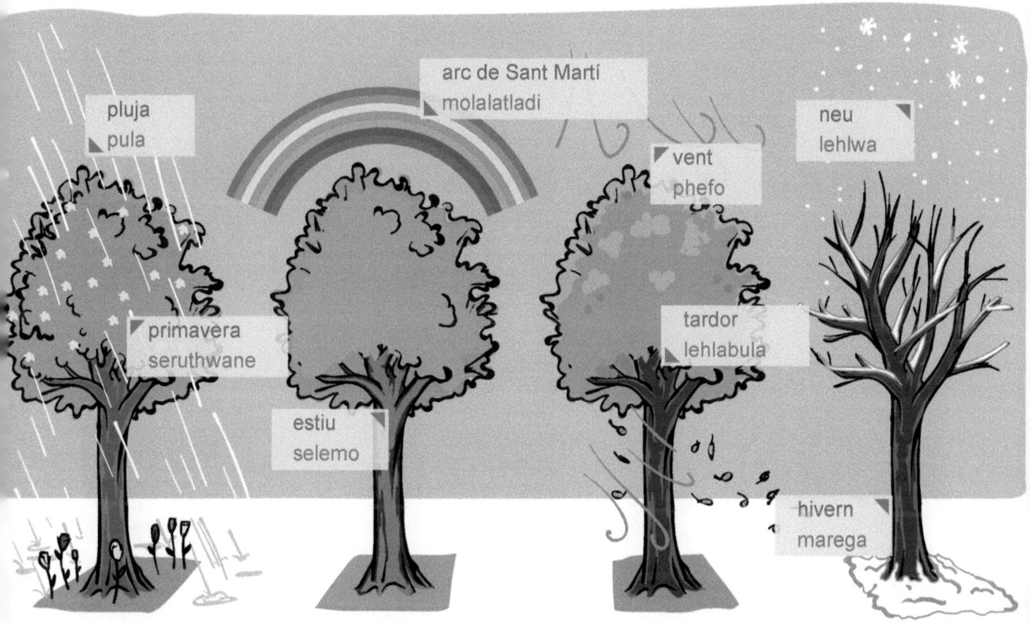

pluja
pula
arc de Sant Martí
molalatladi
neu
lehlwa
vent
phefo
primavera
seruthwane
tardor
lehlabula
estiu
selemo
hivern
marega

4.APRIL 11°
5.APRIL 4°
6.APRIL 13°
7.APRIL 8°
8.APRIL 10°

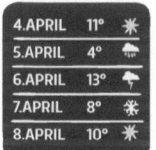

pronòstic del temps

tsebišo ya leratadima

F C
120 90 60 30 0 -30
40 30 20 10 0 -10 -20

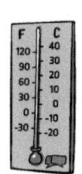

termòmetre

thermometer

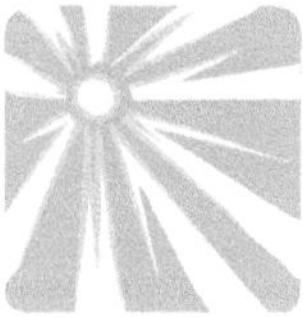

llum del sol

mahlasedi a letšatši

núvol

maru

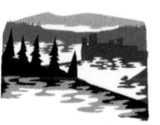

boira

kgudi

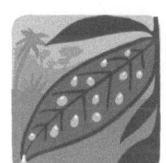

humiditat de l'aire

go koloba

llamp

legadima

tro

legadima

tempesta

ledimo

calamarsa

sefako

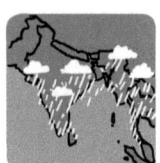

monsó

ledimo

inundació

lefula

gel

lehlwa

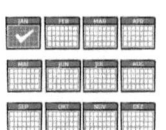

gener

January

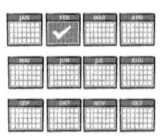

febrer

February

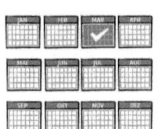

març

March

abril

April

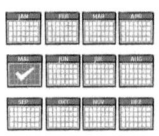

maig

May

juny

June

juliol

July

agost

August

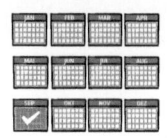

setembre
....
September

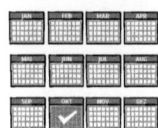

octubre
....
October

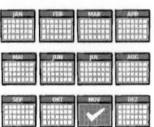

novembre
....
November

desembre
....
December

formes

dibopego

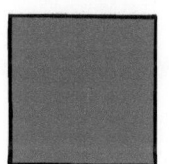

cercle
....
nthokolo

quadrat
....
sekwere

rectangle
....
rectangle

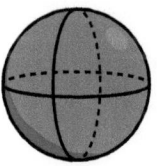

triangle
....
theraekele

esfera
....
nthokolo

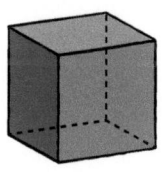

cub
....
cube

blanc

tshweu

groc

kheri

taronja

namone

rosa

pinki

vermell

khubedu

lila

phepholo

blau

pududu

verd

tala

marró

tshehla

gris

kerei

negre

bontsho

molt / poc

tše dintši / tše dinyenyane

emprenyat / tranquil

befetšwe / theotše maswafo

bonic / lleig

botse / befile

començament / fi

mathomo / mafelelo

gran / petit

kgolo / nyenyane

clar / fosc

seetša / leswiswi

germà / germana

abuti / sesi

net / brut

hlwekile / ditšhila

complet / incomplet

feletše / ga se e felele

dia / nit

mosegare / bošego

mort / viu

hwile / o sa phela

ample / estret

go bulega / go tswalelega

comestible / immenjable

e a jega / ga e jege

dolent / amable

bobe / go loka

entusiasmat / entediat

mahlahlo / go tšwafa

gros / prim

bokoto / bosese

primer / darrer

mathomo / mafelelo

amic / enemic

mogwera / lenaba

ple / buit

e tletše / ga e na selo

dur / tou

tiile / e bonolo

pesant / lleuger

ya roba / e bobebo

gana / set

tlala / mokhoro

malalt / sà

go babja / phetše gabotse

il·legal / legal

ga e molaong / e molaong

intel·ligent / ximple

bohlale / lešilo

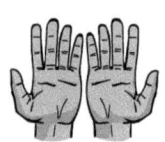

esquerra / dreta

le letshadi / le letona

prop / llunyà

kgaufsi / kgole

nou / usat

mapsha / e dirišitšwe

res / quelcom

selo / se sengwe

vell / jove

motšofadi / mofsa

encès / apagat

laeta / tima

obert / tancat

bula / tswalela

silenciós / sorollós

homola / rasa

ric / pobre

go huma / go diila

correcte / incorrecte

e lokilego / e sa lokago

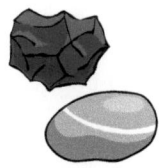

aspre / suau

makgwakgwa / go thelela

trist / content

go nyama / go thaba

curt / llarg

mokopana / motelele

lent / ràpid

go nanya / go kitima

humit / sec - eixut

go koloba / go oma

calent / fred

borutho / go tonya

guerra / pau

ntwa / khutšo

dinomoro

0	**1**	**2**
zero	u	dos
nnoto	tee	pedi

3	**4**	**5**
tres	quatre	cinc
tharo	nne	tlhano

6	**7**	**8**
sis	set	vuit
tshela	šupa	seswai

9	**10**	**11**
nou	deu	onze
senyane	lesome	lesome tee

12
dotze

lesome pedi

13
tretze

lesome tharo

14
catorze

lesome nne

15
quinze

lesome tlhano

16
setze

lesome tshela

17
disset

lesome šupa

18
divuit

lesome seswai

19
dinou

lesome senyane

20
vint

masomepedi

100
cent

lekgolo

1.000
mil

sekete

1.000.000
milió

milione

anglès

Seisemane

anglès americà

Seisemane sa Amerika

xinès mandarí

Sechina sa Mandarin

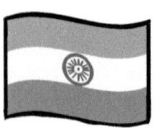

hindi

Sehindi

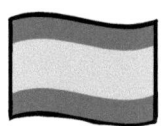

espanyol

Spanish

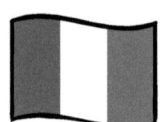

francès

Sefora

àrab

Searabic

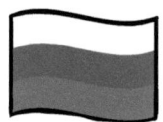

rus

Serašia

portuguès

Sepotokisi

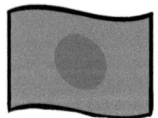

bengalí

Sebengali

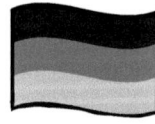

alemany

Sejeremane

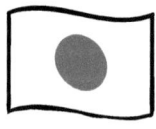

japonès

Sefapane

jo

Nna

tu

wena

ell / ella / allò

yena / yona

nosaltres

rena

vosaltres

wena

ells

bona

qui?

bomang?

què?

eng?

com?

bjang?

on?

mo kae?

quan?

neng?

nom

leina

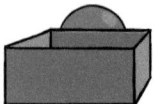

darrere

ka morago

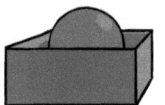

en

go

davant de

kgaufsi le

damunt

godimo ga

sobre

go

sota

ka tlase ga

al costat

ka lehlakoreng la

entre

magareng ga

lloc

lefelo